El dinero no lo es todo

Maya Rebeca Benmergui Esayag

ADVERTENCIA

Índice

Dedico el presente libro, antes que nada a Dios quien me dio la vida

"Con dinero puedes comprar una casa, pero no un hogar. Puedes comprar una cama, pero no el sueño. Puedes comprar un reloj, pero no el tiempo. Puedes comprar un libro, pero no el conocimiento. Puedes comprar una posición, pero no el respeto. Puedes comprar sexo, pero no el amor. Sin embargo, dando amor puedes regalar y recibir todo lo que con dinero no puedes comprar"

****

Madre Teresa de Calcuta

Introducción

Nuestra misión primordial en la vida debería de ser la de ser felices y no la de ser los más adinerados del planeta. Vivimos en un mundo material donde es necesario tener dinero para pagar por tu comida, tus medicinas, tu casa, y muchas otras cosas más.

Digamos que el dinero te da seguridad. Ahora bien, una cosa es eso y otra es que nos dediquemos en cuerpo y alma exclusivamente a lucrarnos a como dé lugar en actividades ilícitas para así vanagloriarnos de tener más poder que los demás.

Siempre digo que cuando uno parte de este plano no se lleva las joyas, las mansiones, los yates, o demás cosas materiales sino si fuiste un buen hijo, un buen padre, le dejaste un legado al mundo.

Considero que en el presente hay una carencia total de valores. Muchas veces una chica sale con un hombre mayor solamente porque tiene plata y le puede pagar una cantidad alta mensualmente. Esto me parece aborrecible y me imagino que para esas jóvenes estar con una persona que no aman debe ser traumático.

Una persona puede no tener dinero y ser muy valiosa espiritualmente. El hecho de que alguien por ejemplo no tenga carro no significa que valga menos. Uno no vale más porque anda en un carro *Rolls Royce* sino por la forma como trata a los demás.

¿Qué es el dinero? Es solamente un trozo de papel al cual le hemos otorgado un poder. Ok yo entiendo perfectamente que uno trabaja y recibe un salario por ello, pero lo que no me cabe en la cabeza es que nos perdamos en el camino y hasta vendamos nuestra alma al diablo sólo por ser los más ricos.

Estoy convencida de que el dinero, aunque hace falta, definitivamente no da la felicidad. Fíjate cómo la gente millonaria también se suicida. Muchos famosos billonarios por lo general necesitan ser escoltados y terminan siendo paranoicos ya que son asediados por todo tipo de personas.

Del mismo modo hay gente con muchos bienes materiales pero que no gozan de buena salud o tienen algún tipo de incapacidad. Además, hay mucha gente famosa que a pesar de sus millones no son felices porque no encuentran a su pareja ideal.

Estoy en contra de quienes obtienen su fortuna por medio del narcotráfico o que comercian con pieles de animales. Considero que este dinero está *sucio*.

No obstante, quiero aclarar que no estoy en contra de la gente pudiente que ha ganado legalmente su fortuna con grandes aportes para el mundo y que, si les dedican tiempo a sus familiares, amigos y además hacen grandes obras de caridad. Lamentablemente son una minoría.

Muchos artistas se van de gira y no tienen tiempo para dedicarle a sus hijos ¿Vale la pena matarse horas trabajando y no dedicar más tiempo a tus seres queridos?

¡Ojo! No estoy diciendo que no sea importante el dinero, sino que uno puede ser feliz por ejemplo nadando en una bella playa. Amando a tu pareja. Contemplando un ocaso. Paseando por un parque. Respirando el aire fresco de un bosque. Oyendo el ruido de las olas del mar. Contemplando una cascada.

Yo sé que el dinero es necesario, pero yo no necesito de grandes sumas de dinero para sentirme feliz. Basta con recibir lo suficiente para llevar una vida digna.

Yo sé que todo el mundo sueña con ganarse la lotería. Ahora bien, hay algo importante. ¿Sabías que el 80% de personas que la ganan la pierden al cabo de 10 años o menos? ¿Por qué? Porque no saben cómo manejar tanto dinero y se ponen a gastarlo alocadamente.

Si a mí me dieran a elegir entre ganarme el premio gordo o conseguir mi pareja ideal no dudaría ni por un instante en elegir el amor. ¿Y tú? La mayor parte de los seres humanos tristemente preferirían ganar el loto.

Les cuento como anécdota que una vez en un casino jugando solamente un solo billete me gane un premio muy alto en una maquinita. Mi reacción inicial fue más de miedo que de felicidad. Esa es la verdad. Iba a veces para distraerme con algún juego, pero no me quedaba mucho tiempo.

Me horrorizaba como las señoras mayores adineradas gastaban fortunas en vez de usar esa plata para causas benéficas. Puedo entender que uno se quede un rato en un casino y la pase bien con algún juego. Lo que si no estoy de acuerdo es con los excesos. Existen casos de gente que lo pierden todo y hasta se suicidan.

Ahora bien, tampoco es que vamos a vivir únicamente del amor ya que el dinero si nos hace falta para comprar nuestra comida, medicinas, pagar la educación de nuestros hijos, pero veo con tristeza como lo han convertido en una deidad. Yo prefiero más besos y abrazos y menos dólares en el banco.

Si logro vender muchos libros y gano bastante dinero con mi trabajo de escritora compraría lo necesario para estar bien y segura. Sin lugar a dudas pensaría en mi familia y amigos. Haría muchas obras de caridad. Me conformaría con una casa linda y no con varias mansiones que lucir. Usaría un solo carro. Nací en una casa muy grande y bella y ahora vivo en un apartamento normal y eso no me hace más o menos feliz.

Como siempre digo cuando uno parte de plano no se lleva ni las mansiones ni los carros ni las cuentas bancarias sino si uno fue un buen hijo, se comportó bien con los demás, dejo un legado al mundo. Además, es muy importante disfrutar de la vida y ser feliz con lo que la vida te da.

Cuento

Érase una vez una mujer muy sabia la cual al llegar a la vejez ya contaba con muchísimo dinero. Había trabajado arduamente durante toda su vida, pero el esfuerzo había merecido la pena porque ahora llevaba una existencia feliz.

Ella era consciente de sus orígenes humildes y siempre lo tenía en cuenta. Recordaba cómo había trabajado toda su vida para no terminar en la pobreza. La anciana tenía ya 85 años y su mayor deseo era disfrutar de la vida.

Siempre invitaba a sus amistades a su mansión donde les preparaba toda clase de banquetes. Era muy generosa y los llenaba de regalos. La sabia señora disfrutaba mucho de compartir su fortuna con los demás.

Ahora bien, un día su mejor amigo quiso conversar con ella y le dijo que estaba muy preocupado por ella ya que pensaba que estaba derrochando su dinero y que no le iba a dejar nada a sus hijos.

La sabia mujer le dijo que en realidad les estaba haciendo un gran favor a sus hijos ya que desde que vinieron al mundo ella había velado porque tuvieran la mejor educación. Además, siempre le había inculcado el valor al trabajo.

Ella continúo explicándole a su amigo que ella siempre les dio a ellos todas las herramientas posibles para que hoy, ya adultos, se labraran su futuro por sí mismos.

Si ella les dejaba toda su herencia ellos no se iban a esforzar por trabajar y lo más seguro es que lo malgastarían todo. Su deseo es que se valieran por sí mismos y valoraran lo que costaba ganarse un sustento en la vida.

El amigo respondió que les estaba dejando una gran lección de vida a sus hijos.

La mayor satisfacción de la vida es conseguir las cosas por uno mismo ya que no es lo mismo ganarse uno mismo el pan de cada día a que otra persona te lo regale.

*"Mis cosas favoritas de la vida no cuestan dinero. Está claro que el recurso más preciado que tenemos es el tiempo" *Steve Jobs**

¿De dónde proviene?

Cuando nacimos ya existía el dinero. Pero, ¿de dónde viene? *¿Cuál fue su procedencia?*

Al principio de los tiempos el hombre conseguía de su alrededor las ropas para protegerse del frío, hacía sus propias casas con ramas de los árboles. Sembraba los árboles para comer sus frutos. No tenía la necesidad de intercambiar ningún elemento con nadie porque no le sobraba nada.

Posteriormente se fue organizando en comunidades o tribus y luego de las primeras actividades productivas empezó a producir de más por lo que le sobraban productos. Eran cosas que no necesitaba y que las cambiaba por otras que sí necesitaba. A esa forma de intercambio se le llamó *trueque*.

La primera condición para que exista el trueque es que nos sobre algo que no necesitamos y entonces lo cambiamos por algo que si nos hace falta.

Con el paso de los años, se extendió el comercio y la gente empezó a viajar a lugares lejanos para mercadear sus productos, descubriendo otras comunidades que producían cosas distintas y diferentes a las que producían ellos mismos y que satisfacían sus necesidades.

Se intercambiaban objetos obtenidos de la naturaleza: conchas marinas, semillas de cacao, piezas de ámbar, jade, cuentas ornamentales, clavos, la sal, y otras cosas más.

Por ejemplo, en el Imperio Romano, era usual pagar a los soldados con sal. La sal era muy importante porque permitía conservar en buen estado los alimentos. De ahí viene el término *salario*.

El funcionamiento del trueque era complicado, ya que para realizar los intercambios de las mercancías ambas partes debían coincidir en mercadear bienes en ese momento, que fuera para satisfacer una necesidad y que la valoración de los productos fuera similar.

El problema era: cómo se determinaba el valor del elemento que se vendía, cómo sabían las dos partes que lo que se estaban mercadeando entre ellas valía prácticamente lo mismo.

En vista de lo anterior, se hizo necesario crear o encontrar algún medio que sirviera para tasar todas las mercancías y servicios que existían en los mercados, y que fuera igualmente aceptado por todas las personas como forma de pago por sus mercancías.

A medida que el intercambio crecía, tanto compradores como vendedores iban poniéndose de acuerdo acerca de algún medio de pago aceptable para establecer el valor de las cosas que se mercadeaban: ya se empezaba a utilizar el concepto de dinero.

En un primer momento se empezaron a usar metales preciosos (oro, plata y cobre) para llevar a cabo las transacciones comerciales. Estos podían ser valorados fácilmente, eran divisibles en unidades, duraderos y se podían transportar.

Sin embargo, estas piedras preciosas como medios de pago también tenían sus inconvenientes. Las balanzas no siempre estaban presentes en el momento del cambio de la mercancía. Además, también se comprobaba la calidad del metal, y eso llevaba un coste añadido.

Como solución se fueron fabricando monedas. Esto sin dudas fue un gran avance en el desarrollo del dinero, ya que gracias a ellas no hacía falta llevar encima pesados lingotes de oro o plata. No obstante, existían también problemas ya que el dinero podía ser robado durante su transporte o almacenamiento.

Fue entonces que los *orfebres* (personas que trabajaban con metales preciosos) conscientes del peligro de los robos y atendiendo a la necesidad de poner a buen recaudo las monedas y metales, vieron la necesidad de custodiar en las instalaciones en las que trabajaban los lingotes de oro y plata y las monedas que se acuñaban.

Así, se ganaron la confianza de todos los propietarios de monedas y lingotes los cuales se los llevaban para que los custodiaran. Antes del nacimiento de la banca esta era la forma en que se custodiaban las monedas.

Cada vez que un depositante quería realizar una transacción comercial, acudía al orfebre y retiraba las monedas que necesitaba para ello. Como consecuencia de esto, a medida que esta práctica se hacía más necesaria fruto del comercio, el orfebre empezó a cobrar comisiones por su trabajo. Poco a poco los orfebres se convirtieron en banqueros.

Las primeras monedas que se conocen se acuñaron en oro y plata hace miles de años. Luego aparecieron los primeros bancos, que recibían el oro y entregaban *letras de cambio* o documentos donde constaba que una persona debía cobrarle una suma de dinero a otra en una fecha determinada.

Siempre he considerado que somos el único planeta con el cual nos manejamos con el dinero y que seríamos mucho más felices si este no existiera.

Quizás en otros mundos cuenten con otro sistema para "pagar" el trabajo de uno. No necesariamente tienen que usar una moneda. Pueden tener por ejemplo un sistema de puntos que uno va cambiando por los bienes que necesite.

El dinero y la felicidad

La felicidad no radica en ser los más poderosos del planeta sino en conquistar nuestra propia paz interior. No depende de otra persona sino de ti mismo. *No es una mercancía que se compra.*

Debes también procurar tener un control de tus emociones. Creo que cada uno de nosotros tiene un propósito o misión de vida, pero la prioritaria es la de ser felices.

El Padre nos dio parte de su luz, de su energía para poder cuidar de todo lo que nos rodea y no para devastarlo. Hay que estar siempre dispuesto a ayudar al más necesitado.

La felicidad tiene que ver con tu estado de ánimo. Debes sentirte satisfecho de tus logros y de disfrutar de los placeres de la vida. La clave para conquistarla está en *apreciar* lo que hoy tienes.

La sociedad por lo general percibe la felicidad como el resultado de lo que uno alcanza y adquiere. Es decir, que se tiene la creencia errónea de que la vida de una persona mejoraría si tuviera por ejemplo un carro nuevo...Consigues el auto y ¿qué sucede? Por una semana entera estas en las nubes, y luego de ese corto periodo vuelves a ser infeliz.

La felicidad es un estado mental. Puedes tener todo en el mundo y sentirte que no vales nada. O puedes tener relativamente poco y sentirte una persona feliz.

Yo me siento dichosa cuando paso horas escribiendo porque es una actividad que me apasiona y no me doy cuenta del número de horas que pasan.

Del mismo modo me encanta compartir por ejemplo una taza de café con mis amigos...pero no por internet sino cara a cara. Es algo que desafortunadamente siento que hemos ido perdiendo.

Hoy en día la gente *socializa* a través de un chat y casi no se reúnen personalmente para compartir. Salir con nuestras amistades es una actividad no sólo necesaria sino placentera.

Son muchas las personas que piensan que el dinero es necesario para ser feliz, y aunque claro está que ayuda a comprar lo necesario para vivir con holgura y no te voy a negar que uno se siente seguro teniendo plata ahorrada en el banco eso no quiere decir que el tener dinero te convierta en una persona feliz.

Muchas personas trabajan sin cesar pensando que cuanto más dinero ganen más feliz serán...pero se les va la vida lucrándose y sin darse cuenta dejan pasar la felicidad. *Porque no es más rico quien más tiene sino el que menos necesita*. Este refrán nos enseña que la dicha no se alcanza con una ambición desmesurada.

La mayoría de las veces vivimos deseando poseer cosas que creemos que nos ayudarán a sentirnos mejor. Y eso no tiene fin. Cada día surge un nuevo *Ipad*, un nuevo modelo de carro, una marca mejor de ropa y es como si estuviéramos en un círculo vicioso.

Queremos lucir zapatos elegantes para nuestro trabajo. Comprar otro vestido elegante para ir a una boda. Sin embargo, nos olvidamos de algo fundamental y es que lo realmente importante no es ni la marca de tus zapatos, ni si tienes la última *Tablet*, lo que en verdad tiene valor es quien eres, como te comportas con los demás en tu trabajo y con tu pareja.

Las pequeñas cosas son las que realmente dan la felicidad, y no cuestan dinero: un beso, un abrazo, un gesto cariñoso, el abrazo de tus hijos, el amor de tus familiares, pasar tiempo con tus amigos, acariciar a tu mascota. Estas cosas son gratis y son las que realmente te harán sentir feliz.

El apreciar y disfrutar de lo que hoy tienes no sólo te dará felicidad, sino que además te ayudará a quitarle importancia a los problemas.

No estoy diciendo que el dinero no sea importante pues claro está que es necesario para comprar cosas que uno requiere. No obstante, la vida me ha enseñado que es importante saber de qué manera gastarlo.

Por ejemplo, es preferible que gastes 30$ en irte de fin de semana con tus mejores amigos a comprarte los últimos zapatos que están de moda.

Es muy importante agradecer siempre por tener todas tus necesidades básicas cubiertas. Al despertarme siempre agradezco al Padre por un día más de vida. Además, me gusta bendecir mi comida antes de comer. Hay mucha gente que no tiene cómo alimentarse. Tener todo sin ser agradecido te hará tremendamente desdichado a corto y a largo plazo.

Considero que es muy importante trabajar en algo que te apasione porque ello te hará feliz. En caso tal de no tener un empleo satisfactorio siempre debes luchar por otro que te agrade más. Esto se logra con mucha dedicación, constancia y esfuerzo.

Lo ideal es que tu trabajo te ayude a tener una vida más placentera. Tu empleo no es solamente para que ganes tu sustento ya que también es necesario que te sientas cómodo en tu entorno laboral.

Siempre debes perseguir tus sueños y luchar por hacerlos realidad. Esto se consigue con mucho trabajo y perseverancia.

Considero que nunca es bueno compararse con nadie. Las personas ricas tienden a ser muy ambiciosas y siempre se comparan con personas más adineradas. Como consecuencia de esto sienten que deben tener cada vez más y más dinero.

Muchos millonarios viven constantemente con el terror de ser secuestrados y pagan una fortuna por sentirse seguros. Por lo general andan paranoicos.

Es bueno siempre recordar que hay personas que casi no tienen nada y son muy felices, así como también hay multimillonarios que se suicidan.

No voy a negarles que tener dinero da estabilidad. Que quien vive en la pobreza solamente piensa en cómo salir de ella. No hay nada de malo en tener dinero.

La mayoría de los ricos trabajan arduamente para lograr el éxito deseado. En este sentido, solo hay un problema: *la acumulación a cualquier costo*.

¿Cuántos actores, actrices, cantantes y artistas están completamente perdidos en el mundo nefasto de las drogas, el alcohol, la depresión y otras adicciones?

Sin ir muy lejos tenemos el triste caso de uno de los mejores comediantes de todos los tiempos (Robin Williams) quien se quitó la vida a pesar de tener muchísimo dinero.

Hay gente que le tiene miedo a la soledad ya que piensa que para ser feliz hay que tener compañía. Yo creo que para ser feliz sólo hay que tener paz y tranquilidad en el corazón. Recuerda que *la felicidad no es una estación de llegada sino un modo de viajar*.

Soy fiel creyente en un Padre creador de todo lo existente y realmente pienso que los creyentes somos más felices que quienes no lo son. Incluso me atrevo a apostar que si se está cayendo un avión un ateo siempre improvisará una plegaria así no crea en Dios.

Me da una gran paz espiritual rezar al despertar y antes de ir a dormir. Antes de entregarme al sueño trato de hacer un balance de cómo fue mi día y procuro corregir lo que no hice bien. *

Usarlo sabiamente

La plata que se gana de forma honrada y que se emplea en ayudar a la familia, en estudiar una carrera, en hacer el bien al prójimo siempre será bien recibida. *Considero que los bienes de este mundo deben servir para que a ninguna persona le falte lo necesario.*

Ahora bien, si el dinero es producto de actividades ilícitas, si las personas se *apegan a los bienes materiales* o viven solamente en función de ganar plata y nada más...todo esto conduce a la idolatría del dinero y por supuesto no es correcto.

Una persona obsesionada con hacer dinero *pierde su libertad* ya que sólo vive en función de ganar el mismo.

Ahora bien, si por el contrario el dinero se consigue honradamente entonces este puede servir hasta para que un individuo logre su independencia económica y con ella su autonomía.

Lo malo es cuando un individuo cree que para destacarse o ser aceptado en la sociedad tiene que vestir ropa de marca, usar el último reloj, manejar el último modelo de auto porque si no será rechazado. *La persona debe saber que vale no por la cantidad de dinero que tenga sino por cómo se comporta* y esto se aprende desde el hogar.

Desafortunadamente la mayoría de las personas basan sus vidas en el dinero. Es como si este fuera lo más importante del mundo. Solamente pretenden trabajar mucho para ganar más dinero y tener una vida llena de lujos.

Las personas ya tienen la mala costumbre de creer que hay que sacrificar las horas que sean necesarias en el trabajo para poder tener la vida de sus sueños.

Debido a esta mentalidad, estamos en una sociedad donde es más importante trabajar y ganar dinero que estar en familia. Lastimosamente con esta deplorable forma de pensar el poder es el que determina tu sello de identidad.

Es cierto que puedes comprar muchas cosas con el dinero, pero *¿el amor no significa nada para ti?*

Sería muy triste que pensaras así y te invito a que recapacites. El dinero nunca podrá comprar al amor. Desafortunadamente para la mayoría de las personas el dinero lo es todo.

Este concepto está completamente equivocado y de repente fue el idioma que les enseñaron en su hogar o que aprendieron de las malas juntas.

He visto cómo a los niños de las escuelas los molestan porque no tienen el último zapato de moda. Los fastidian tanto que si no tienen un fuerte ejemplo en el hogar son capaces de ver afectada su autoestima por este hecho. La educación empieza por la familia.

Como docente presencié como niños de una escuela pudiente molestaban a un niño paralítico solamente por diversión. Ante estos hechos actué con mucha firmeza reclamando este acto vil e imponiendo mi propio sistema de disciplina, pero al final de cuentas la educación empieza por casa y uno como profesor no puede ni debe suplantar a los padres.

Fui profesora de inglés y entre tantas clases me toco dar una suplencia en un colegio. En una ocasión le llame la atención a un estudiante adolescente (como a cualquier otro) porque estaba portándose mal en clase. Su respuesta me sorprendió: "*¿Ud. sabe de quién soy hijo yo*?" ...las cosas no pararon ahí. Luego me llamo la "*psicóloga*" de la escuela y yo pensaba que era para tratar el tema del mal comportamiento del estudiante, pero no fue así. La "*consejera*" lo que hizo fue llamarme la atención porque me metí con "*el hijo de fulano de tal que tiene mucho dinero*" ...encima de todo luego hasta me difamaron en el periódico del colegio. Por supuesto renuncié y no acepte el pago. Rompí el cheque delante de quien me lo dio.

Hoy en día siento una inmensa tristeza de que habrá sido de aquel niño que basaba todo en el poder del dinero...también siento pena ajena por aquella *asesora escolar*.

Es muy importante que los padres sepan educar a sus hijos y guiarlos a manejarse bien con el dinero. Explicarles muy claramente que el dinero no lo compra todo. Deben inculcarles valores como la honestidad, el ahorro y a no despilfarrar la plata. Esto debe hacerse a temprana edad.

Si ganas el dinero limpiamente con lo que te gusta hacer estás en la senda correcta. Ahora si lo único que deseas es ganar plata a como dé lugar para darte una mejor vida estarás en el camino erróneo. El verdadero rico no es aquel que más tiene, sino el que más comparte. No te sientas superior a los demás. Verdaderamente no lo eres.

No me gusta la idea de los reyes, ni de los grandes líderes del mundo a los cuales hay que rendirles pleitesía porque supuestamente son los más poderosos. Todos somos iguales ante Dios.

Si eres rico comparte tu dinero con la gente más necesitada. Invierte dinero en lo que realmente importa, oye a todo el mundo, pero escucha y déjate guiar por los buenos consejos.

Escucha esto: *El verdadero pobre no es aquel que tiene poco dinero, sino aquel que está vacío de emociones y no lucha por sus sueños.* En mi caso debo agradecer infinitamente a Walt Disney pues él me enseñó a soñar a través de sus películas y a luchar por hacer mis sueños realidad.

Debo decir que me siento sumamente dichosa cuando puedo ayudar a alguien. Generalmente no digo cómo lo hago, pero en esta ocasión les voy a relatar un par de anécdotas.

Hace unos años una madre muy pobre no tenía como pagarle un remedio a su bebé...y bien yo logré conseguirle una medicina parecida y pagué por la misma salvando así la vida del niño. ¡Me sentí la mujer más feliz del planeta!

Hace cuestión de días hice lo mismo con una bebita que la madre no tenía cómo pagarle una medicina que sin la misma moriría la niña. Me dije debo hacer algo...y lo hice. Cómo no tengo hijos para mi es una felicidad inmensa ayudar a los más pequeños.

No digo estas cosas para vanagloriarme. Por lo general no las cuento. Si las menciono es porque considero que es nuestro deber ayudar a los más necesitados en la medida que podamos hacerlo. *Lo que quiero expresarles es que realmente uno es más feliz cuando da que cuando recibe*.

En lugar de sentir envidia por aquellos que tienen éxito más bien aprende de ellos. Quizás te puedan servir de ejemplo.

Fórmate en aquello que te apasione y lucha por aquello que anhelas ser. Lucha por tus ideales, trabaja duro y no decaigas. De este modo te aseguro que la vida, por sí misma, te llevará al lugar en el que mereces estar.

A veces me pregunto si en otros mundos existirá el dinero. Presupongo que debe haber otros mucho más evolucionados que el nuestro dónde reine la hermandad, el compartir y que no permitirán que algo como el dinero los esclavice.

En ocasiones medito que el oro nunca tuvo que se extraído de nuestra Madre Tierra y que nuestro mundo sería más feliz sin el *vil metal*.

Veo con mucha tristeza como muchas veces en nuestro planeta se usa el dinero como una forma de explotar o de esclavizar a los demás.

En este plano terrenal es indispensable tener dinero. Ahora bien, siempre recordando de adquirirlo de forma transparente y usarlo con sabiduría.

Me llama poderosamente la atención y me parece insólito como hay narcotraficantes que acuden a la iglesia y dan donativos como si con ello pudieran comprarse un lugar en el cielo. Es como si la gente pensara que realmente se van a llevar sus posesiones materiales al más allá.

Nacemos sin nada y nos vamos sin nuestras posesiones materiales y solamente nos llevamos si fuimos buenos hijos, buenas personas, si fuimos felices, si amamos, si actuamos correctamente, si le dejamos algo positivo al mundo.

Los valores

Los valores son aquellas creencias de los seres humanos que guían apropiadamente su forma de ser y de comportarse. Estos principios se inculcan primordialmente durante la niñez a través de la familia. Es vital que los padres den el ejemplo a seguir ya que los niños suelen copiar sus conductas.

La convivencia humana se fundamenta en valores imprescindibles para la armonía y crecimiento de nuestra sociedad. Hoy en día hay infinidad de problemas debido a la carencia de los mismos.

Hay mucha violencia, odio, egoísmo, avaricia, abusos, injusticias. Afortunadamente esto no aplica a todos los seres humanos, pero si a una vasta mayoría.

¿Qué podemos hacer? En primer lugar, reconocer que existe un problema y recuperar los valores que hemos perdido. Inculcarles a los niños lo importante que estos son para poder convivir con los demás.

¿Cuáles son los valores a enseñar? honestidad, responsabilidad, respeto, solidaridad, compromiso, tolerancia, humildad, prudencia, trabajo, colaboración, amabilidad, agradecimiento, generosidad, compasión, hermandad, gratitud, caridad, rectitud, dignidad, paciencia, verdad, perdón, solidaridad, entre tantos otros.

Hay que sembrar estas virtudes en los niños desde su círculo familiar. Luego pueden ser reforzados a través de las escuelas, iglesias y medios de comunicación entre otros.

Sería muy extenso explicar cada uno de los valores por separado. No obstante, entre los mencionados uno de los más importantes es el de la honestidad. ¿Por qué? Te lo explico a continuación.

La honestidad

La honestidad es la virtud de decir la verdad, de ser decente, razonable y justo. Es una cualidad humana que consiste en actuar de acuerdo a como se piensa y se siente.

La misma es contraria a la falsedad y a la corrupción. Una persona honesta muestra una actitud sincera en sus relaciones con los demás.

Es la base para otros valores que se desprenden de ser honesto, por ejemplo, el ser leal, justo. El ser que es honesto no es para nada hipócrita *y mucho menos avaro*. Es genuino y expresa respeto por sí mismo y por los demás.

La honestidad no consiste sólo en la franqueza, la capacidad de decir la verdad, sino en hacer un trabajo honrado por una paga honesta.

¿Cómo se cultiva? Hay que ejercitarla siempre. Es una condición fundamental para las relaciones humanas, para la amistad, para la auténtica vida comunitaria.

Y así como existen las personas honestas están también los ambiciosos o avaros. Pero ¿Qué es la avaricia? Acá te expongo en que consiste la misma.

La avaricia

La avaricia es el afán de poseer muchas riquezas por el solo placer de atesorarlas sin compartirlas con nadie.

La persona ambiciosa *busca el poder*, ser superior a los demás. No le importa la forma en que consigue su fortuna. Si proviene por ejemplo de la trata de blancas. Necesita del dinero para satisfacer su ego. Los demás no existen en su agenda.

La gente ambiciosa cae en la corrupción. Les agrada involucrar a inocentes en actos delictivos. Son gente sin escrúpulos con una carencia total de valores. *Su religión es el dinero.*

Siempre atesoran tener más cosas materiales para poderlas exhibir. Creen que el dinero lo compra todo y no les importa pisotear a otros con tal de obtener riquezas y sentirse poderosos.

Son aquellos ladrones de cuello blanco que rezan para no ser atrapados por sus fechorías. Para ellos el dinero es la felicidad y no les importa cómo obtenerlo.

Estos personajes están completamente desubicados de la realidad. Son ajenos al amor, a la ética, a la moral y a las buenas costumbres. Son parásitos de la sociedad.

Hace falta con urgencia una reforma educativa global que modifique esta clase de comportamiento. Por lo general terminan en prisión pagando muchos años de condena.

¿Qué dice la Biblia?

El mundo materialista en el que nos encontramos inmersos hoy se maneja con ideas opuestas a las enseñanzas bíblicas. La causa de todos los males proviene *del amor al dinero*.

Es muy lamentable que en nuestra sociedad esté cada vez más marcada la diferencia entre el poder adquisitivo de ricos y pobres. Cada día crece más la cantidad de gente necesitada cuya condición no mejora.

La Biblia nos aconseja que nos acostumbremos a dar. “Al que te pida, dale; y al que quiera tomar de ti prestado, no se lo rehúses” *San Mateo 5:42.*

Por otra parte, los mandamientos expresan claramente cómo debemos comportarnos con relación a los bienes materiales. El séptimo mandamiento dice: “*No robarás* “por lo que nos prohíbe apoderarnos de lo ajeno. Nos invita a saldar nuestras deudas y a dar salarios justos.

El décimo mandamiento dice: *"No codiciarás los bienes ajenos"* Este precepto prohíbe cometer injusticias para adueñarse del dinero de los demás y sentir envidia de los bienes que no son nuestros.

Existen muchas advertencias en La Biblia sobre la codicia o ese deseo fuerte y egoísta por tener más poder y dinero. Esta avidez por la plata sólo lleva a la ruina y a la destrucción.

Algunos billonarios poderosos no les importa pisotear a los demás con tal de acumular más riquezas. La gente soberbia exhibe sus pieles de lujo como si de verdad fueran un trofeo.

Ahora bien, no es que sea inadecuado tener dinero mientras lo consigas de una manera honrada. Lo que si no es correcto es que toda tu existencia gire alrededor de ganar plata las 24 horas del día.

Hay que usar el dinero con responsabilidad. La Biblia nos aconseja que nos adaptemos a nuestro modo de vivir y por lo tanto que no gastemos lo que no tenemos.

Hay un popular refrán venezolano que dice así: *"Arrópate hasta donde te alcance la cobija* "este dicho quiere decir que no debemos gastar con lo que no contamos.

Por supuesto, que nuestra sociedad consumista siempre intentará de convencerte de que tienes que gastar para comprar un regalo en el día de la madre, cuando llega la navidad o en cualquier otra ocasión. Está en ti no caer en la trampa de endeudarte usando tus tarjetas de crédito.

No se debe derrochar el dinero sino emplearlo mejor en obras que sirvan para ayudar a los demás. Por ejemplo, en dar de comer al hambriento, hospedar a quien no tiene casa, comprarles medicinas a los enfermos.

Los textos sagrados aconsejan que debemos evitar los gastos impulsivos ya que "todo el que es apresurado se encamina de seguro a la carencia" *Proverbios 21:5.*

Las Escrituras nos señalan la importancia del ahorro. ¿Qué puede ayudarnos a usar sabiamente el dinero? *"Calcula los gastos" Lucas 14:28.*

Asimismo, nos enseñan que lo ideal es siempre separar algo de plata de acuerdo a nuestras posibilidades para ahorrarla y usarla en caso de necesidad.

Es muy lamentable que en nuestra sociedad esté cada vez más marcada la diferencia entre el poder adquisitivo de ricos y pobres. Cada día crece más la cantidad de gente necesitada cuya condición no mejora.

La Biblia nos aconseja que nos acostumbremos a dar. Dios bendice a los que socorren a los pobres: *"Al que te pida, dale; y al que quiera tomar de ti prestado, no se lo rehúses" San Mateo 5:42.*

Los textos bíblicos nos enseñan que es bueno prestar tus pertenencias a otra persona que las necesita ya que así cumples con el precepto de amar al prójimo. Quien recibe estos objetos es responsable de cuidarlos y devolverlos en buen estado.

Mucha gente confunde la palabra "prestar" con "adueñarse de". En lo personal si me prestan un libro siempre lo devuelvo, pero por lo general la gente tiene la mala costumbre de nunca regresar lo que otros le prestan.

Las verdaderas riquezas están en tu corazón, en tu crecimiento espiritual, en lo que aprendes. No estoy diciendo que el dinero no sea importante pero lo que sí es fundamental es que tengas muy presente que al abandonar tu cuerpo no te llevarás ninguna de posesiones materiales

A continuación, menciono algunos proverbios a tomar en cuenta:

"El dinero mal habido pronto se acaba; quien ahorra, poco a poco se enriquece" **Proverbios 13:11**

"No te afanes acumulando riquezas; no te obsesiones con ellas" **Proverbios 23:4**

"Más vale adquirir sabiduría que oro; más vale adquirir inteligencia que plata" **Proverbios 16:16**

"Vale más la buena fama que las muchas riquezas, y más que oro y plata, la buena reputación" **Proverbios 22:1**

Asimismo, quería compartir con ustedes los sabios consejos dados por el Rey Salomón, heredero al trono del Rey David. Se destacó por su sabiduría y por ser inmensamente rico.

El sabio Rey aconseja: *Planifica tus finanzas, no te apresures en gastar*: "Los planes bien pensados y el arduo trabajo llevan a la prosperidad, pero los atajos tomados a la carrera conducen a la pobreza" *Proverbios 21:5*

“La abundancia que pertenece al rico no le permite dormir” *Eclesiastés 5:12*. “El que ama el dinero, no se saciará de dinero; y el que ama el mucho tener, no sacará frutos” *Eclesiastés 5:10*.

“El hombre de verdad tendrá muchas bendiciones; mas el que se apresura a enriquecerse no será sin culpa.” *Proverbios 28:20.*

En otro orden de ideas considero que el Maestro más grande que paso por nuestro mundo fue Jesucristo y me gusta mucho el hecho de que él prefirió venir de forma sencilla con su túnica blanca y no como un rey lleno de joyas y poder.

Jesús nos previno: "Mirad, y guardaos de toda avaricia; porque la vida del hombre no consiste en la abundancia de los bienes que posee" *Lucas 12:15**

Hoy en día el ser rico es sinónimo de ser poderoso y ese pensamiento es muy dañino. Nadie es superior a otro por la cantidad de dinero que tenga en el banco. Todos nacemos desnudos y nos vamos sin nuestras cuentas bancarias. Solamente nos llevamos nuestras buenas acciones.

El ser humano parece haber olvidado esto y solamente piensa en tener cada vez más riquezas y poder. Es muy lamentable que esto ocurra. Sólo espero que algún día la humanidad recapacite y que el mensaje que les transmito en este libro llegue a la mayor cantidad de gente posible.

La ley de atracción

Creo mucho en el poder de la visualización. A través de la misma uno puede recrear imágenes de hechos que queremos en nuestro futuro siempre que los mismos no dañen a otros.

Uno puede pedirle a Dios por ejemplo por una pareja, tener un mejor empleo, recibir una paga más justa. Yo pido por escrito mis deseos y los coloco en mi altar y también las visualizo antes de dormir.

Ahora bien, tampoco es que uno se va a dormir en los laureles. Uno debe hacer todo lo posible para que se concreten nuestros sueños. Prepararse, estudiar.

No es que uno va a desear algo y le va a caer ya desde el cielo. Hay que trabajar para que los sueños se cumplan.

En el caso de querer una pareja uno debe salir, buscar reunirse con gente, abrirse al mundo y sobretodo algo que me es a mi muy difícil y que es desocupar el closet. Es decir, ya no pensar más en los amores del pasado, cerrar ese ciclo para darle chance al universo para que se presenten aquellas posibles parejas afines.

Pienso que si pides algo que no hace daño a nadie y es necesario para ti no tiene porque no darse. Para eso tienes que pedirlo como si ya lo hubieras obtenido. No es algo que pasa de un día al otro, pero la energía que en ello inviertes regresa hacia ti.

Cuando voy a dormir doy gracias a Dios por todo lo que tengo y voy a tener. Justo antes de rezar visualizo con mucha fe cómo deseo que sea mi futuro. Me centro por ejemplo en algo específico que deseo lograr y lo imagino y visualizo cómo si ya estuviera ocurriendo. No me preocupo de cómo llegue porque pienso que ya de ello se encargará el universo.

Es muy curioso el caso del conocido actor Jim Carrey. Él relató en una entrevista con Oprah Winfrey que usando el poder de la visualización escribió un cheque por 10 millones de dólares y que se dio un plazo de 3 a 5 años para lograrlo.

El comediante cuenta que escribió el cheque por dicha suma y lo puso en una billetera y que al cabo de ese lapso de tiempo logró conseguir esa suma por el contrato de una película. ¿Increíble no? No te voy a decir que todo aquel que haga ese cheque le va a llegar así. Realmente el caso de este actor es impactante.

Creo en la fuerza de nuestros pensamientos en convertir nuestros deseos en realidad. Ellos son más poderosos de lo que pensamos. Uno atrae lo que piensa y si piensas en cosas buenas ellas aparecerán en tu vida.

La vida es un bumerán

El *bumerán* es un arma arrojadiza que lanzada con movimientos giratorios puede volver al punto de partida. La expresión *"la vida es un bumerán"* se centra en que todo lo que hagamos a los demás, ya sea bueno o malo, nos será devuelto como un *bumerán*. Es decir que tus acciones, pensamientos y sentimientos se te regresan más tarde o temprano.

Por consiguiente, uno debe procurar siempre realizar acciones buenas y tener pensamientos positivos para así atraer todo lo bueno a nuestras vidas.

El ser humano debe de realizar siempre el bien sin mirar a quien, tomando en cuenta que todo lo que cosecha en la vida será regresado tarde o temprano, es decir, si cosechas el bien recibirás el bien, de lo contrario, recibirás el mal.

La energía vuelve a ti cuando: a) saludas a alguien: así te responda o no, tú envías energía de buena onda y ella regresa a ti de una u otra forma b) le deseas a alguien "¡qué tenga un buen día!", "¡qué le vaya bien!": independientemente de la forma cómo responda la otra persona, esa energía regresa a ti y te hace sentir muy bien c) realizas una buena acción: sin esperar recompensa, *ello te hace sentir bien y el universo te lo retribuye de la forma que menos esperas o imaginas.*

Frases

*"Cuando des limosna, que tu mano izquierda ignore lo que hace la derecha, para que tu limosna quede en secreto; y tu Padre, que ve en lo secreto, te recompensará" *Maestro Jesús**

*"La falta de amor es la mayor pobreza del ser humano" *Madre Teresa de Calcuta**

*"No pienses que el dinero lo hace todo o acabarás haciéndolo todo por el dinero" *Voltaire**

*"Necesitamos líderes que no estén enamorados del dinero, sino de la justicia, que no estén enamorados de la publicidad sino de la humanidad" *Martin Luther King**

*"El que tiene mucho no es rico, sino el que da mucho" *Erich Fromm**

*"Puedo vivir sin dinero, pero no puedo vivir sin amor" *Judy Garland**

*"Lo que más me sorprende del hombre occidental es que pierden la salud para ganar dinero, después pierden el dinero para recuperar la salud. Y por pensar ansiosamente en el futuro no disfrutan el presente, por lo que no viven ni el presente ni el futuro. Y viven como si no tuviesen que morir nunca, y mueren como si nunca hubieran vivido" *Dalái Lama**

Sobre la autora

Soy venezolana y Licenciada en Idiomas Modernos. Siento la necesidad de escribir sobre temas que considero relevantes para la sociedad actual. Creo en un mundo muy distinto al que estamos acostumbrados. Cuando uno parte de esta vida no se lleva los bienes materiales sino cómo uno se comportó y si le dejó un legado al mundo.

Espero que el mensaje del presente libro te haya enseñado algo. Gracias por el tiempo que has dedicado en leer mi libro. Si te gustó te estaría muy agradecida si me dejas tus comentarios.

¡Gracias por tu apoyo!

www.ingramcontent.com/pod-product-compliance
Lightning Source LLC
LaVergne TN
LVHW071805230826
846093LV00020B/27

* 9 7 8 1 0 8 0 8 2 1 1 8 1 *